BILDER AUS BERLIN

DER WEG ZUR DEUTSCHEN EINHEIT

Die gemeinsame Bärenflagge über dem Roten Rathaus

BILDER AUS BERLIN

DER WEG ZUR DEUTSCHEN EINHEIT

BILDREDAKTION
ROLF STEINBERG

FOTOS
PAUL LANGROCK
ALI PACZENSKY
GÜNTER PETERS
GÜNTER SCHNEIDER
ANDREAS SCHOELZEL
HANS PETER STIEBING
U. A.

CHRONOLOGIE
RICHARD SCHNEIDER

NICOLAI

Redaktion: Carolin Hilker-Siebenhaar
Satz: Nagel Fototype, Berlin
Lithos: O.R.T. Kirchner + Graser GmbH, Berlin
Druck: H. Heenemann GmbH, Berlin
Bindung: Lüderitz & Bauer GmbH, Berlin

Printed in Germany
ISBN 3-87584-337-1

INHALT

Berlin am 9. November 1989: Die Mauer fällt

VORWORT

Berlin in der Nacht vom 2. auf den 3. Oktober 1990. Genau um null Uhr wird vor dem Reichstagsgebäude die schwarz-rot-goldene Bundesflagge gehißt – als Symbol der deutschen Einheit. Die Teilung Deutschlands und Berlins ist nach 45 Jahren beendet. Die Geschichte, so drückt es Bundespräsident Richard von Weizsäcker aus, hat es dieses Mal gut mit den Deutschen gemeint. In der Tat, wer hätte geglaubt, daß sich die Vereinigung der Deutschen Demokratischen Republik mit der Bundesrepublik Deutschland in nicht einmal zwölf Monaten vollziehen würde. Am 7. Oktober 1989 hatte die Partei- und Staatsführung der DDR mit gewohntem Pomp den 40. Jahrestag der Gründung ihres Staates gefeiert. Schon vier Wochen später, am 9. November, mußte sie unter dem Druck der Ereignisse die Grenzen zur Bundesrepublik und nach West-Berlin öffnen. Ein Datum voller Symbolik: Am 9. November 1918 rief der Sozialdemokrat Philipp Scheidemann von einem Fenster des Reichstages die Republik aus. Am 9. November 1989 fand nach Öffnung der Mauer noch in den Nachtstunden auf den Straßen und Plätzen Berlins die Wiedervereinigung der Menschen statt. Und dann der 3. Oktober! Gerade jetzt verdient es ein Ereignis, in die Erinnerung zurückgeholt zu werden: Am 3. Oktober 1918 wurde in Deutschland unter Prinz Max von Baden die erste parlamentarische Regierung gebildet. Seit dem 3. Oktober 1990 nun leben *alle* Deutschen, frei von Unterdrückung und Bevormundung, in einer parlamentarischen Demokratie. So ist denn dieser 3. Oktober als *Tag der deutschen Einheit* mit Fug und Recht der neue deutsche Nationalfeiertag. Das vorliegende Buch dokumentiert in Bildern und einer Chronologie die Feiern in Berlin und die Ereignisse, die zur deutschen Einheit hinführten. In der alten und neuen Hauptstadt Deutschlands hat sich am 3. Oktober die Einheit Deutschlands vollendet.

Richard Schneider

ERKLÄRUNG ZUR WIEDERHERSTELLUNG DER EINHEIT BERLINS

Walter Momper
Tino Schwierzina

Der 3. Oktober 1990 ist ein großer Tag in der Geschichte Berlins. Es ist der Tag, auf den die Menschen in unserer Stadt seit 42 Jahren gewartet haben. Berlin wird wieder *eine* Stadt. Die Zeit der Teilung ist unwiderruflich zu Ende. Die Berlinerinnen und Berliner können die Zukunft unserer Stadt wieder gemeinsam gestalten.

Wir gedenken der Opfer der Mauer. Wir gedenken der Menschen aller Nationalitäten, die für die Freiheit Berlins ihr Leben gelassen haben.

Wir danken allen, die mitgewirkt haben, die Mauer zu beseitigen: den Schutzmächten, dem sowjetischen Staatspräsidenten Michail Gorbatschow, den Völkern Mittel- und Osteuropas und der Demokratiebewegung in der DDR. Berlin dankt der Bundesrepublik, die durch ihre politische Unterstützung und finanzielle Hilfe die Stadt befähigt hat, ihre Aufgaben als Hauptstadt eines geeinten Deutschlands zu erfüllen. Berlin begrüßt, daß Bundestag und Bundesregierung auch in der vor uns liegenden schwierigen Übergangszeit zu dieser Hilfe bereit sind. Nur so kann es gelingen, bald überall in der Stadt und in ihrem Umland die Lebensbedingungen zu verbessern.

Vom 3. Oktober an ist das wiedervereinigte Berlin die Hauptstadt des vereinten Deutschland. Alle noch bestehenden Vorbehaltsrechte der drei Alliierten und der Sowjetunion sind suspendiert und werden bald endgültig entfallen. Der Bundestag wird deshalb nach 20 Jahren wieder in Berlin tagen können. Wir heißen ihn herzlich willkommen. Berlin wird alles in seinen Kräften stehende tun, um ein würdiger Sitz von Parlament und Regierung Deutschlands zu sein.

Zum zweiten Mal nach dem Krieg beginnen die Berlinerinnen und Berliner eine große Aufbauarbeit. Wir wissen, daß es viele Probleme sozialer, wirtschaftlicher und ökologischer Art zu bewältigen gilt. Wir wissen, daß es unserer gemeinsamen Anstrengung und der Solidarität bedarf, dies zu leisten. Aber die Berlinerinnen und Berliner haben nicht 42 Jahre lang die Teilung durchgestanden, um jetzt zu verzagen.

Wir werden die Ärmel hochkrempeln und die Probleme zusammen angehen. Wir rufen alle Berlinerinnen und Berliner auf, gemeinsam an diesem großen Werk mitzuwirken.

Berlin wird als zentraler Platz in der Geschichte der deutschen Demokratie auch in Zukunft die Verantwortung übernehmen für die Stätten der Erinnerung an das Versagen deutscher Politik. Wir werden den Wiederaufbau der Neuen Synagoge in der Oranienburger Straße sichern, die jüdischen Friedhöfe pflegen und das Haus der Wannseekonferenz sowie das ehemalige »Gestapo-Gelände« zu einer Stätte des Gedenkens an die Verbrechen des Nationalsozialismus machen.

Berlin fühlt sich in dieser Stunde des Aufbruchs in eine neue friedliche Epoche seiner Tradition als Stadt der Toleranz und der Weltoffenheit verpflichtet. Dies wird sich im solidarischen Verhalten gegenüber allen Gruppen beweisen, die als Ausländer, Flüchtlinge oder Angehörige von Minderheiten Ziel und Opfer von Haß, Gewalt oder Diskriminierung sind.

Magistrat und Senat werden die im Juni begonnene erfolgreiche Zusammenarbeit zum Wohle der Stadt und der Berliner in allen 23 Bezirken fortsetzen. Bis zur Bildung einer Gesamtberliner Landesregierung nimmt der Senat von Berlin gemeinsam mit dem Magistrat die Aufgaben der Gesamtberliner Landesregierung wahr.

Gemeinsame Erklärung des Regierenden Bürgermeisters Walter Momper und des Oberbürgermeisters Tino Schwierzina am 2. Oktober 1990 im Rathaus Schöneberg

EIN TAG DER FREUDE, DES DANKES UND DER HOFFNUNG

Helmut Kohl

In wenigen Stunden wird ein Traum Wirklichkeit. Nach über vierzig bitteren Jahren der Teilung ist Deutschland, unser Vaterland, wieder vereint. Für mich ist dieser Augenblick einer der glücklichsten in meinem Leben; und aus vielen Briefen und Gesprächen weiß ich, welche große Freude auch die allermeisten von Ihnen empfinden.

An einem solchen Tag richten wir unseren Blick nach vorn. Doch bei aller Freude wollen wir zunächst an jene denken, die unter der Teilung Deutschlands besonders zu leiden hatten. Familien wurden grausam auseinandergerissen. In den Haftanstalten waren politische Gefangene eingekerkert. Menschen starben an der Mauer. Das alles gehört glücklicherweise der Vergangenheit an. Es soll sich niemals wiederholen. Deshalb dürfen wir es auch nicht vergessen. Wir schulden die Erinnerung den Opfern. Und wir schulden sie unseren Kindern und Enkeln. Solche Erfahrungen sollen ihnen für immer erspart bleiben.

Aus dem gleichen Grunde vergessen wir auch nicht, wem wir die Einheit unseres Vaterlandes zu verdanken haben. Aus eigener Kraft allein hätten wir es nicht geschafft. Viele haben dazu beigetragen. Wann je hatte ein Volk die Chance, Jahrzehnte der schmerzlichen Trennung auf so friedliche Weise zu überwinden? In vollem Einvernehmen mit unseren Nachbarn stellen wir die Einheit Deutschlands in Freiheit wieder her.

Wir danken unseren Partnern, wir danken unseren Freunden. Wir danken insbesondere den Vereinigten Staaten von Amerika, allen voran Präsident George Bush. Wir danken unseren Freunden in Frankreich und in Großbritannien. Sie haben in schwierigen Zeiten stets zu uns gehalten. Sie haben jahrzehntelang die Freiheit des Westteils von Berlin geschützt. Sie haben unser Ziel unterstützt, die Einheit in Freiheit wiederzuerlangen. Ihnen bleiben wir auch künftig in Freundschaft verbunden.

Dank schulden wir auch den Reformbewegungen in Mittel-, Ost- und Südosteuropa. Vor gut einem Jahr ließ Ungarn die Flüchtlinge ausreisen. Damals wurde der erste Stein aus der Mauer geschlagen. Die Freiheitsbewegungen in Polen und in der Tschechoslowakei haben den Menschen in der DDR Mut gemacht, für ihr Recht auf Selbstbestimmung einzutreten. Jetzt gehen wir daran, eine dauerhafte Aussöhnung zwischen dem deutschen und dem polnischen Volk zu verwirklichen.

Wir danken Präsident Gorbatschow. Er hat das Recht der Völker auf den eigenen Weg anerkannt. Ohne diese Entscheidung hätten wir den Tag der Deutschen Einheit nicht so bald erlebt.

Daß dieser Tag schon jetzt kommt, ist besonders jenen Deutschen zu verdanken, die mit der Kraft ihrer Freiheitsliebe die SED-Diktatur überwanden. Ihre Friedfertigkeit und ihre Besonnenheit bleiben beispielhaft.

Wir Deutschen haben aus der Geschichte gelernt. Wir sind ein friedens-, wir sind ein freiheitsliebendes Volk, und nie werden wir unsere Demokratie den Feinden des Friedens und der Freiheit schutzlos ausliefern. Für uns gehören Vaterlandsliebe, Freiheitsliebe und der Geist guter Nachbarschaft immer zusammen. Wir wollen zuverlässige Partner, wir wollen gute Freunde sein. Dabei gibt es für uns auf der Welt nur einen Platz: an der Seite der freien Völker.

Gute Nachbarn wollen wir auch im Innern sein. Aufgeschlossenheit für den Nächsten, Achtung vor dem Andersdenkenden und Verbundenheit mit unseren ausländischen Mitbürgern gehören auch dazu. Unsere freiheitliche Demokratie muß von Vielfalt, von Toleranz, von Solidarität geprägt sein.

Solidarität müssen wir vor allem als Deutsche jetzt untereinander beweisen. Vor uns liegt – jeder weiß dies – eine schwierige Wegstrecke. Wir wollen diesen Weg gemeinsam gehen. Wenn wir zusammenhalten und auch zu Opfern bereit sind, haben wir alle Chancen auf einen gemeinsamen Erfolg.

Die wirtschaftlichen Voraussetzungen in der Bundesrepublik sind heute ausgezeichnet. Noch nie waren wir besser vorbereitet als jetzt, die wirtschaftlichen Aufgaben der Wiedervereinigung zu meistern. Hinzu kommen Fleiß und Leistungsbereitschaft bei den Menschen in der bisherigen DDR. Durch unsere gemeinsamen Anstrengungen, durch die Politik der Sozialen Marktwirtschaft werden schon in wenigen Jahren aus Brandenburg, aus Mecklenburg-Vorpommern, aus Sachsen, aus Sachsen-Anhalt und aus Thüringen blühende Landschaften geworden sein.

Die wirtschaftlichen Probleme, dessen bin ich gewiß, werden wir lösen können: gewiß nicht über Nacht, aber doch in einer überschaubaren Zeit. Noch wichtiger ist jedoch, daß wir Verständnis füreinander haben, daß wir aufeinander zugehen. Wir müssen ein Denken überwinden, das Deutschland immer noch in ein »Hüben« und in ein »Drüben« aufteilt.

Über vierzig Jahre SED-Diktatur haben gerade auch in den Herzen der Menschen tiefe Wunden geschlagen. Der Rechtsstaat hat die Aufgabe, Gerechtigkeit und inneren Frieden zu schaffen. Hier stehen wir alle vor einer schwierigen Bewährungsprobe. Schweres Unrecht muß gesühnt werden, doch wir brauchen auch die Kraft zur inneren Aussöhnung.

Ich bitte alle Deutschen: Erweisen wir uns der gemeinsamen Freiheit würdig. Der 3. Oktober ist ein Tag der Freude, des Dankes und der Hoffnung. Die junge Generation in Deutschland hat jetzt – wie kaum eine andere Generation vor ihr – alle Chancen auf ein ganzes Leben in Frieden und Freiheit.

Wir wissen, daß unsere Freude von vielen Menschen in der Welt geteilt wird. Sie sollen wissen, was uns in diesem Augenblick bewegt: Deutschland ist unser Vaterland, das vereinte Europa unsere Zukunft.

Gott segne unser deutsches Vaterland!

Fernseh- und Rundfunkansprache von Bundeskanzler Helmut Kohl am Abend des 2. Oktober 1990

SICH ZU VEREINEN, HEISST TEILEN LERNEN

Richard von Weizsäcker

In der Präambel unserer Verfassung, wie sie nun für alle Deutschen gilt, ist das Entscheidende gesagt, was uns am heutigen Tag bewegt:

In freier Selbstbestimmung vollenden wir die Einheit und Freiheit Deutschlands. Wir wollen in einem vereinten Europa dem Frieden der Welt dienen. Für unsere Aufgaben sind wir uns der Verantwortung vor Gott und den Menschen bewußt.

Aus ganzem Herzen empfinden wir Dankbarkeit und Freude – und zugleich unsere große und ernste Verpflichtung. Die Geschichte in Europa und in Deutschland bietet uns jetzt eine Chance, wie es sie bisher nicht gab. Wir erleben eine der sehr seltenen historischen Phasen, in denen wirklich etwas zum Guten verändert werden kann. Lassen Sie uns keinen Augenblick vergessen, was dies für uns bedeutet.

Es gibt drinnen und draußen drückende Sorgen; das übersehen wir nicht. Vorbehalte unserer Nachbarn nehmen wir ernst. Auch spüren wir, wie schwierig es sein wird, den Erwartungen gerecht zu werden, die uns aus allen Himmelsrichtungen erreichen. Aber wir wollen und werden uns nicht von Ängsten und Zweifeln leiten lassen, sondern von Zuversicht. Entscheidend ist der feste Wille, unsere Aufgaben mit Klarheit zu erkennen und gemeinsam in Angriff zu nehmen. Dieser Wille gibt uns Kraft, die Alltagssorgen ins rechte Verhältnis zu bringen mit unserer Herkunft und Zukunft in Europa.

Zum ersten Mal bilden wir Deutschen keinen Streitpunkt auf der europäischen Tagesordnung. Unsere Einheit wurde niemandem aufgezwungen, sondern friedlich vereinbart. Sie ist Teil eines gesamteuropäischen geschichtlichen Prozesses, der die Freiheit der Völker und eine neue Friedensordnung unseres Kontinents zum Ziel hat. Diesem Ziel wollen wir Deutschen dienen. Ihm ist unsere Einheit gewidmet.

Wir haben jetzt einen Staat, den wir selbst nicht mehr als provisorisch ansehen und dessen Identität und Integrität von unseren Nachbarn nicht mehr bestritten wird. Am heutigen Tag findet die vereinte deutsche Nation ihren anerkannten Platz in Europa.

Was dies heißt, erkennen wir an der Bedeutung von Grenzen. Kein europäisches Land hat so viele Nachbarn wie wir. Durch Jahrhunderte ist wegen der Grenzen Gewalt angewendet und unendlich viel Blut vergossen worden. Jetzt leben alle unsere Nachbarn und wir selbst in gesicherten Grenzen. Sie sind nicht nur durch den Verzicht auf die Anwendung von Gewalt geschützt, sondern durch die tiefe Einsicht in ihre veränderte Funktion.

Unsäglich hart für die Menschen war der erzwungene Heimatverlust. Neuer Streit um Grenzen aber verliert jeden Sinn. Um so zündender ist das Verlangen, ihnen ihren trennenden Charakter zu nehmen. Alle Grenzen Deutschlands sollen Brücken zu den Nachbarn werden. Das ist unser Wille.

Die Gedanken der Französischen Revolution haben zusammen mit der Verfassungsentwicklung in Amerika und in Großbritannien die Grundlage der westlichen Demokratie geschaffen. Ein Konzept rechtsstaatlicher humaner Freiheit hat sich gebildet, das immer mehr zum Maßstab wurde. Es ist nicht auf Anhieb überallhin übertragbar. Wo immer sich aber der Drang nach politischer Freiheit, nach Leistungsfähigkeit und menschenwürdiger Sozialstaatlichkeit bahnbricht – bis hinein in das Herz von Peking –, bilden Werte und Regeln westlicher Demokratien das Modell, an dem sich jeder mißt.

Wir Deutschen hatten frühzeitig an der demokratischen Entwicklung Anteil. Und doch folgten wir ihr in der politischen Praxis nur halbherzig. Rechtsstaatlichkeit war bei uns aus eigenen Traditionen erwachsen. In den preußischen Reformen der napoleonischen Zeit wurde die kommunale Selbstverwaltung zur Quelle demokratischer Gesinnung. Im Zeichen der Paulskirche suchte das Volk Einigkeit und Recht und Freiheit. Es wollte durchaus die Einheit, die schließlich 1871 geschaffen wurde, war aber an den Entscheidungen nicht beteiligt. Immer wieder gab es die romantische Suche nach einem dritten Weg für die innere Ordnung Deutschlands und für seinen Platz in Europa. Aber es waren Illusionen. Auch die Weimarer Republik schaffte es nicht, eine lebensfähige Demokratie durchzusetzen.

Mit der Gründung der Bundesrepublik Deutschland verband sich zunächst die ernste Sorge, vom Westen her die Teilung Deutschlands zu verfestigen. Dennoch führte der Weg nicht wieder in eine Sackgasse. Zunächst durfte ihn nur ein Teil der Deutschen beschreiten. Heute jedoch können wir zusammen einen neuen Anfang machen.

Die Vereinigung Deutschlands ist etwas anderes als eine bloße Erweiterung der Bundesrepublik. Der Tag ist gekommen, an dem zum ersten Mal in der Geschichte das ganze Deutschland seinen dauerhaften Platz im Kreis der westlichen Demokratien findet.

Dies ist für uns selbst wir für alle unsere Nachbarn ein Vorgang von fundamentaler Bedeutung. Er wird die Mitte Europas verändern. Wir werden maßgeblich daran beteiligt sein, im gemeinsamen Handeln mit unseren westlichen Partnern und in unseren Werten und Zielen fest mit ihnen verwachsen.

Inmitten unserer europäischen Nachbarschaften hatte uns das Schicksal in den letzten vierzig Jahren geteilt. Es hat die einen begünstigt und die anderen belastet. Aber es war und bleibt unser gemeinsames deutsches Schicksal. Dazu gehört die Geschichte und die Verantwortung für ihre Folgen. Die SED hatte eine

Teilung zu verordnen versucht. Sie hatte gemeint, es genüge, sich als sozialistische Zukunftsgesellschaft zu proklamieren, um sich von der Last der Geschichte zu befreien.

Aber in der DDR hat man es ganz anders erlebt und empfunden. Die Menschen mußten dort die weitaus schwereren Kriegsfolgelasten tragen als ihre Landsleute im Westen. Und sie haben immer gefühlt, daß die verantwortliche Erinnerung an die Vergangenheit eine unentbehrliche Kraft der Befreiung für die Zukunft ist. Kaum war der erzwungene Sprachgebrauch verschwunden, stellten sie sich offen den Fragen der Geschichte.

Mit großer Achtung hat die Welt registriert, wie aufrichtig die freien Kräfte und zumal die Jugend in der DDR es als ihre Aufgabe ansahen, gutzumachen, was das alte Regime der geschichtlichen Mitverantwortung schuldig geblieben war.

Der Besuch der Präsidentinnen beider frei gewählter deutscher Parlamente vor ein paar Monaten in Israel zum Gedenken an den Holocaust – diesem schrecklichsten aller Verbrechen – hat dort einen tiefen Eindruck hinterlassen. Er symbolisiert die Gemeinsamkeit der Deutschen gerade auch in ihrer geschichtlichen Verantwortung.

Die nationalsozialistische Gewaltherrschaft und der von ihr ausgegangene Krieg haben den Menschen in fast ganz Europa und bei uns zu Hause unermeßlich schweres Unrecht und Leid zugefügt. Wir bleiben der Opfer immer eingedenk. Und wir sind dankbar für die wachsenden Zeichen der Aussöhnung zwischen den Menschen und Völkern.

Die Hoffnung auf Freiheit und auf Überwindung der Teilung in Europa, in Deutschland und zumal in Berlin war in der Nachkriegszeit nie untergegangen. Und doch hat kein Mensch die Vorstellungskraft besessen, den Gang der Ereignisse vorauszusehen. So erleben wir den heutigen Tag als Beschenkte. Die Geschichte hat es dieses Mal gut mit uns Deutschen gemeint. Um so mehr haben wir Grund zur gewissenhaften Selbstbesinnung.

Nach dem Ende des Zweiten Weltkrieges wurde die Teilung Deutschlands der zentrale Ausdruck der Teilung Europas. Sie entsprach nicht dem einvernehmlichen Willen der Sieger, vielmehr war sie die Folge ihres Streites. Der verschärfte Ost-West-Gegensatz verfestigte sie. Doch werden wir uns damit nicht herausreden. Niemand bei uns wird vergessen, daß es ohne den von Deutschland unter Hitler begonnenen Krieg nie zur Teilung gekommen wäre.

Im Zeichen des Kalten Krieges und unter dem Schutz des atomaren Patts entfaltete sich nun über vierzig Jahre hinweg der Wettbewerb der gesellschaftlichen Systeme zwischen Ost und West. Diese Phase geht jetzt ihrem Ende entgegen.

Die sowjetische Führung unter Präsident Gorbatschow hat erkannt, daß Reformen in Richtung auf Demokratie und Marktwirtschaft unausweichlich geworden sind. Diese Reformen wären aber ohne Freiheit zur Erfolglosigkeit verdammt. Daraus wurden mutige Konsequenzen gezogen, auf eine Bevormundung der Verbündeten verzichtet und ihre politische Selbstbestimmung geachtet. So kam es zu den historisch beispiellosen friedlichen Revolutionen in

Mittel-, Ost- und Südosteuropa. So wurde die freie Entscheidung der Deutschen für die staatliche Einheit akzeptiert.

Noch ist ein Erfolg des Reformkurses, wie ihn die sowjetische Führung ansteuert, vielfach bedroht. Aber sie hat sich schon jetzt ein historisches Verdienst erworben. Und viele Menschen, darunter wir Deutschen, haben dafür Grund zur Dankbarkeit.

Unser Dank gilt den Bürgerbewegungen und Völkern in Ungarn, in Polen und in der Tschechoslowakei. Die Menschen in Budapest, Warschau und Prag haben Beispiele gegeben. Sie haben den Weg zur inneren Freiheit in der DDR als Bestandteil eines gemeinsamen geschichtlichen Prozesses aufgefaßt und ermutigt.

Unvergessen ist auch ihre Hilfe für die Flüchtlinge und damit ihr ganz direkter Beitrag zur Überwindung von Mauer und Stacheldraht. Das vereinte Deutschland wird mit ihnen in Zukunft eine offene und enge Nachbarschaft suchen.

Für Freiheit und Menschenrecht einzutreten, ist das zentrale Bekenntnis unserer westlichen Verbündeten und Freunde, vor allem der Amerikaner, der Franzosen und der Briten. Ihr Schutz, ihre Tatkraft und Zusammenarbeit haben uns entscheidend geholfen. Sie haben, was das Wichtigste ist, Vertrauen in uns gesetzt. Dafür danken wir ihnen heute von Herzen.

Wie bedeutungsvoll das Verständnis der Partner für die Vereinigung der Deutschen war, hat sich in der eindeutigen und konstruktiven Einstellung der Europäischen Gemeinschaften gezeigt.

Es ist mir eine Freude, unter uns den Präsidenten der Europäischen Kommission, Jacques Delors, und seine Kollegen zu begrüßen und ihnen unsere Achtung und Dankbarkeit für ihre Weitsicht zu bekunden.

Zu danken haben wir heute vor allem jenen Deutschen, die in der DDR den Mut aufbrachten, sich gegen Unterdrückung und Willkür zu erheben. Seit über zehn Jahren hatten Zusammenkünfte und Friedensgebete in den Kirchen die Gedanken der friedlichen Revolution vorbereitet, vertieft und verbreitet. Die Macht der Staatssicherheit blieb aber allgegenwärtig. Der Einsatz der Waffen drohte unmittelbar bis tief in den Herbst '89 hinein. Nachgeben und zurückweichen wären nur allzu verständlich gewesen. Doch die Hoffnungen in den Herzen der Menschen ließen sich nicht mehr unterdrücken.

»Wir sind das Volk«, mit diesen vier einfachen und großen Worten wurde ein ganzes System erschüttert und zu Fall gebracht. In diesen Worten verkörperte sich der Wille der Menschen, das Gemeinwesen, die res publica, selbst in die Hand zu nehmen. So wurde die friedliche Revolution in Deutschland wahrhaft republikanisch. Daß sie nach beinahe sechzig Jahren bitterer Unterdrückung erfolgte, macht sie nur um so erstaunlicher und glaubwürdiger. Demokraten hatten sich zusammengefunden, mit dem Ziel der Freiheit und der Solidarität, beides in einem ein Auftrag für uns alle.

Zu danken ist heute aber auch den Bürgerinnen und Bürgern im Westen. Ohne das Vertrauen der Völker in uns Deutsche hätten wir uns nicht vereinigen können. Dieses Vertrauen ist mit dem Leben der Bundesrepublik in vierzig

Jahren gewachsen. Unsere Bevölkerung hat sich in der freiheitlichen Demokratie und im europäischen Bewußtsein verwurzelt.

Die Deutschen sind berechenbare, zuverlässige und geachtete Partner geworden. Das hat die innere Zustimmung unserer Nachbarn und der ganzen Welt zu unserer Einheit ganz entscheidend gefördert.

Nun sind aus den vier Worten viele Tausende geworden. In einer schier unglaublichen Leistung sind Vereinbarungen und Verträge zustande gebracht worden, die uns heute die Einheit nach innen und außen besiegeln lassen. Die Materie war oft schwer durchschaubar. An Konflikten fehlte es nicht. Der Zeitdruck wurde immer wieder enorm. Tag und Nacht wurde gearbeitet. Das können wir ja, wenn es darauf ankommt.

In Zukunft wird noch mehr als eine Unklarheit aufzuhellen, mehr als ein Streit zu schlichten sein. Alles in allem aber kann man über das vollbrachte Werk nur staunen.

Und ich möchte der verantwortlichen politischen Führung in beiden bisherigen deutschen Staaten, den gesetzgebenden Körperschaften und nicht zuletzt den vielen ganz vortrefflichen Mitarbeitern in den Ämtern für ihre Arbeit danken. Ihre Hingabe an die Sache war beispielhaft. Die geleistete Arbeit trägt ihren Lohn in sich selbst.

Die Form der Einheit ist gefunden. Nun gilt es, sie mit Inhalt und Leben zu erfüllen. Parlamente, Regierungen und Parteien müssen dabei helfen. Zu vollziehen aber ist die Einheit nur durch das souveräne Volk, durch die Köpfe und Herzen der Menschen selbst. Jedermann spürt, wieviel da noch zu tun ist. Es wäre weder aufrichtig noch hilfreich, wollten wir in dieser Stunde verschweigen, wieviel uns noch voneinander trennt.

Die äußeren Zwangsmittel der Teilung hatten ihr Ziel, uns zu entfremden, nicht erreicht. Widermenschlich, wie Mauer und Stacheldraht waren, hatten sie den Willen zusammenzukommen, nur um so tiefer erfahren lassen. Wir empfanden es vor allem in Berlin, dieser Stadt von zentraler Bedeutung in Vergangenheit und Zukunft. Die Mauer täglich sehen und spüren, ließ uns nie aufhören, an die andere Seite zu glauben, auf sie zu hoffen. Jetzt ist die Mauer weg, und das ist das Entscheidende.

Doch nun, da wir die Freiheit haben, gilt es, in ihr zu bestehen. Deutlicher als früher erkennen wir heute die Folgen der unterschiedlichen Entwicklungen. Die Kluft im Materiellen springt als erstes ins Auge. Auch wenn die Menschen in der DDR mit der Mangelwirtschaft alltäglich in ihrem Leben konfrontiert waren, das Beste daraus gemacht und hart gearbeitet haben – das wollen wir nicht vergessen –, trat das Ausmaß der Probleme und damit der Distanz zum Westen doch erst in den letzten Monaten ganz klar hervor.

Wenn es gelingen soll, das Gefälle bald zu überwinden, dann bedarf es dafür nicht nur der Hilfe, sondern vor allem auch der Achtung untereinander.

Für die Deutschen in der ehemaligen DDR ist die Vereinigung ein täglicher, sie ganz unmittelbar und persönlich berührender existentieller Prozeß der Umstellung. Das bringt oft übermenschliche Anforderungen mit sich. Eine Frau schrieb mir, sie seien tief dankbar für die Freiheit und hätten doch nicht gewußt, wie sehr die Veränderung an die Nerven gehe, wenn sie geradezu einen Abschied von sich selbst verlange. Sie wollten ja nichts sehnlicher, als ihr Regime loszuwerden. Aber damit zugleich fast alle Elemente des eigenen Lebens von heute auf morgen durch etwas Neues, Unbekanntes ersetzen zu sollen, übersteigt das menschliche Maß.

Bei den Menschen im Westen war die Freude über den Fall der Mauer unendlich groß. Daß aber die Vereinigung etwas mit ihrem persönlichen Leben zu tun haben soll, ist vielen nicht klar oder sogar höchst unwillkommen.

So darf es nicht bleiben. Wir müssen uns zunächst einmal gegenseitig besser verstehen lernen. Erst wenn wir wirklich erkennen, daß beide Seiten kostbare Erfahrungen und wichtige Eigenschaften erworben haben, die es wert sind, in der Einheit erhalten zu bleiben, sind wir auf gutem Wege.

Zunächst zum Westen. Hier ist eine Entwicklung besonders hervorzuheben. Die Menschen haben im Laufe der Jahre Zuneigung zu ihrem Gemeinwesen entwickelt, frei von gekünstelten Gefühlen und nationalistischem Pathos. Gewiß, in der vierzigjährigen Geschichte der Bundesrepublik gab es manche tiefgehenden Konflikte zwischen Generationen, sozialen Gruppen und politischen Richtungen. Sie wurden oft mit Schärfe ausgetragen, aber ohne den Hang zum Destruktiven, der die Weimarer Republik allzusehr belastete. Die Jugendrevolte am Ende der sechziger Jahre trug allen Verwundungen zum Trotz zu einer Vertiefung des demokratischen Engagements in der Gesellschaft bei.

Mit der Erfahrung, Konflikte regeln zu können, wuchs ein gemeinsamer Bestand an Vertrauen zur Verfassung heran. Innere Unsicherheiten sind gewichen. Das ständige Vergleichen mit anderen Völkern hat nachgelassen. Es muß bei den anderen nicht alles schlecht sein, damit es bei uns gut ist. Und umgekehrt finden sich positive Verhältnisse nicht nur jenseits der Grenzen. Die Gelassenheit im Urteil und im Lebensgefühl hat zugenommen.

Einige im Westen entdecken erst jetzt so richtig die Vorzüge ihres eigenen Staates. Mancher, der in der Vergangenheit zu den schärfsten Kritikern der inneren Verhältnisse der Bundesrepublik zählte, spricht nun sorgenvoll davon, daß im vereinten Deutschland die Liberalität, der Föderalismus und die Bindung an Europa leiden könnten. Ich teile solche Sorgen nicht.

Was ich aber sagen will, ist dies: Es ist doch erfreulich, wenn zumal junge Menschen sich mit ihrem Gemeinwesen im Westen identifizieren und in diesem Zusammenhang empfinden, daß die Bonner Republik sich einen guten Ruf erworben hat. Sie sind menschlich in eine internationale und liberale Zivilisationsgemeinschaft hineingewachsen. Sie möchten die gewonnene Weltoffenheit nicht verlieren. Warum sollten sie auch?

Nun zur DDR. Von ihr aus gesehen, begegnen sich in der Stunde der Vereinigung Notstände auf der einen und Wohlstand auf der anderen Seite. Es wäre aber ebenso unsinnig wie unmenschlich, würden wir uns einbilden, daß wir zwischen Ost und West als mißlungene und gelungene Existenzen aufeinandertreffen oder gar als Böse und Gute.

Es sind die Systeme, die sich in ihrem Erfolg unterscheiden, nicht die Menschen. Und das wird sich noch sehr deutlich zeigen, wenn die Deutschen in der bisherigen DDR endlich die gleichen Chancen bekommen, die es im Westen seit Jahrzehnten gibt.

Jedes Leben hat seinen Sinn und seine eigene Würde. Kein Lebensabschnitt ist umsonst, zumal nicht einer in der Not. Die Deutschen in der DDR haben unter schwierigsten Bedingungen menschlich Wesentliches bewirkt, von dem wir nur hoffen können, daß es zur Substanz des vereinten Deutschlands gehören wird.

Würden wir dies übersehen, so würden wir dem abgetretenen System ein letztes Mal gründlich auf den Leim gehen. Sein Vorsatz war es, durch absolute Regeln in Staat und Gesellschaft die Gedanken und Ziele der Menschen zu bestimmen, ja einen neuen, den sozialistischen Einheitsmenschen heranzubilden. Wäre es gelungen, so müßte dieser Mensch in der Tat nunmehr zusammen mit seinem System abtreten. Der Kommunismus ist aber an der Vergeblichkeit dieses Versuches gescheitert. Durchgesetzt hat sich gegen die Anmaßung des Systems die geistige Freiheit des Menschen: die Person gegen das Kollektiv.

Die Ansätze für die Befreiung haben sich unter der Diktatur herausgebildet. Es ist gerade die politische Unfreiheit, die den Blick dafür schärft, wo die Grenzen legitimer Politik liegen, und daß es eine Freiheit des Menschen außerhalb der öffentlichen Angelegenheiten gibt. Unfreiheit lehrt Freiheit. Leben in der DDR machte darin erfahren.

Zwar versorgte der Staat seine Bürger im Sinne seines Systems. Aber den Menschen in seiner Not und Würde erkannte er nicht. So konnte man oft nur überleben, wenn man sich gegenseitig im Stillen half. Not begründete Gemeinschaft. Solidarität blieb kein abstraktes Wort von Grundsatzprogrammen, sondern wurde ganz persönliche Wirklichkeit. Es gehörten Mut und Entsagung dazu, in kirchlichen Gemeinden und diakonischen Einrichtungen mitzuarbeiten. Aber es hat Segen gebracht. Es hat innere Kraft gegeben. Und dort wurden die vom Staat vernachlässigten schwerbehinderten Mitmenschen betreut. So wurde Ehrfurcht vor dem Leben praktiziert.

Das Regime hatte zwar besonders hartnäckig versucht, sich die Kunst und Kultur dienstbar zu machen. Heute wird nun heftig über Verhalten von Künstlern und Qualität ihrer Werke gestritten. Verdrängt wird dabei nichts, und das ist gut. Doch ist ein nachträglicher ethischer Rigorismus nur überzeugend und hilfreich, wenn einer ihn zur Selbstprüfung benutzt. Kunst hat in der DDR vielfach nicht als politische Demonstration gewirkt, wohl aber als eine Kraft, das Leben zu verändern und zu vertiefen. Haben wir es nicht auch gestern abend und heute wieder bei der Musik verspürt?

Das Regime hat geistige Dürre erzeugt. Kunst hat oft der Seele Nahrung gegeben. Sie hat zu ihrem Teil mitgeholfen, worum es vor allem in den kirchlichen Gemeinden ging, nämlich den Raum der inneren Freiheit zu erweitern. Aus ihm erwuchs allmählich die Befreiung von der erzwungenen Lüge, diesem schlimmsten Gift der vergangenen Jahrzehnte, das das Vertrauen im Staat, in der Gesellschaft, zwischen Nachbarn und am Ende zu sich selbst untergraben hatte. So wurde die Freiheit zur Wahrheit das kostbarste Gut, das die Menschen durch ihren Aufstand mit eigener Courage errungen haben.

Uns im Westen blieben solche Bewährungsproben erspart. Wir können nur unsere Achtung bezeugen, und wir wollen sie im Prozeß der Vereinigung beweisen.

Seit dem Herbst '89 wurde die menschliche Substanz der DDR unter unglaublich schwierigen äußeren Bedingungen auf neue Weise sichtbar, in den Bürgerbewegungen, am Runden Tisch und bei der kommunalen Neugeburt.

In der Volkskammer übernahmen Menschen vorbereitungslos Verantwortungen, die größer nicht sein konnten. Man hat sie gelegentlich als Laienspieler bezeichnet. Soll das etwa ein Tadel sein? Sie haben über Fraktionsgrenzen hinweg mit Hingabe an den schwierigsten Problemlösungen gearbeitet, ohne ein Ritual von Konfrontationen zwischen Parteien zu pflegen.

Sie haben immer wieder notwendige Kompromisse gesucht und gefunden. Mehr als einmal haben sie gezeigt, wie wertvoll es ist, »vom anderen nicht ständig das Schlimmste zu erwarten oder gar zu erhoffen, damit das eigene Weltbild stimmt« (R. Schröder). Wenn Laien den Berufspolitikern so das Wasser reichen, ist es kein schlechtes Omen für die Demokratie.

Nun sind wir mitten in der Arbeit. Ein besonders schweres und bedrückendes Kapitel ist die Erblast des Mißtrauens, die uns der Staatssicherheitsdienst hinterlassen hat. Die Kraft des Systems ist gebrochen. Aber noch lebt das Trauma.

Die Verarbeitung kann nicht von außen erfolgen. In dieser Frage gibt es keine extreme salomonische Autorität. Wer den Vergiftungen ausgesetzt war, kann am ehesten zur Entgiftung beitragen.

Nicht die politische Idee des Staates als solche war das Böse, sondern ihre Gleichsetzung mit der absoluten Wahrheit. Man glaubte sich in ihrem Besitze und maßte sich an, sie jedermann aufzuzwingen. Und der Staatssicherheitsdienst wurde dafür das Instrument. Mit ihm verkehrte sich der moralische Anspruch der Führung in tiefste Unmoral. Mit ebenso banalen wir rücksichtslosen Mitteln wurden Bürger ausgespäht, bespitzelt, erpreßt und korrumpiert, Denunziantentum geschürt. Am hinterhältigsten war die Methode, Opfer zu Mittätern zu machen.

Menschlich unzumutbar und rechtsstaatlich unerträglich wäre es, über die Stasi-Herrschaft einen Mantel des Vergessens zu breiten. Recht und Gesetz nehmen ihren Lauf. Bei der Behandlung der Akten darf der erforderliche Datenschutz nicht zum Täterschutz werden. Dabei wird aber niemand die Zweifelhaftigkeit der Aufklärungsmittel verkennen.

In einem System, das ohne Lüge nicht auskommt, können auch Akten lügen. Es gibt politisch-ethische Verantwortlichkeit, die nicht geahndet werden kann. Schuld reicht weiter als Strafbarkeit. Im übrigen war manches, was nachträglich als Schuld erscheint, in Wirklichkeit etwas ganz anderes. Es war oft die Folge gewissenhafter Selbstprüfung unter schwerem äußeren Druck.

Seelische Wunden werden nur langsam heilen. Der Abbau des Mißtrauens braucht seine Zeit. Aber er ist lebensnotwendig. Durch den Versuch einer totalen Verfolgung würde er mißlingen; dadurch kämen wir nur selbst in die Nähe gefährlicher Moralisten. Ziel ist eine Gerechtigkeit, der es nicht um Vergeltung geht, sondern um Aussöhnung und inneren Frieden.

Vordringlich sind jetzt die Sorgen um die wirtschaftliche und soziale Existenz. Das alte System ist nicht zuletzt an seiner ökonomischen Krise gescheitert. Um so wichtiger ist es, daß die Menschen in der ehemaligen DDR ihre errungene Freiheit nicht als neuen Notstand erleben.

Sie haben sich für die im Westen bewährte Soziale Marktwirtschaft entschieden. Die Währungsunion ebnete den Weg zur Freizügigkeit der Menschen und zur wirtschaftlichen Initiative. Rechtliche Voraussetzungen für Wettbewerb und soziale Sicherheit wurden vorangetrieben.

Doch ein Ordnungssystem allein erzeugt nicht wirtschaftliche Leistung. Sie ist das Werk der Menschen. Soziale Marktwirtschaft vollzieht sich nicht in Gesetzbüchern, sondern im Denken und Handeln der Menschen. Dazu gehört die Erfahrung, daß es Freiheit ohne Zumutungen nun einmal nicht gibt, daß der Aufschwung nicht über Nacht kommt. Die Betroffenen wissen es am allerbesten. Der Einschnitt ist für viele tief und hart: umlernen, umstellen, umziehen, suchen, neu anfangen. Aber die Erfahrung lehrt, daß sich die eigene Initiative immer lohnt.

Nicht weniger entscheidend ist unsere Zusammenarbeit im vereinten Land. Wir müssen jetzt solidarisch handeln – in aller ureigenstem Interesse. Für den wirtschaftlichen Aufbau in den neuen Bundesländern tragen wir nunmehr zusammen die Verantwortung. Wir sind gemeinsam am Erfolg interessiert. Denn was nicht gelingt, wird auf Dauer die Deutschen im Westen ebenso belasten wie die Deutschen im Osten. Unser Verfassungsauftrag lautet, allen Deutschen vergleichbare Lebensverhältnisse und Entfaltungschancen zu gewährleisten. Hierzu zählt auch eine offene und faire Einstellung gegenüber unseren ausländischen Mitbürgern.

Oft hört man heute, niemandem solle etwas genommen werden, es komme nur auf die Verteilung der Zuwächse an. Das ist schön gesagt in der Marketingsprache zeitgemäßer politischer Kommunikation. Bei nüchterner Betrachtung würde jedoch auch dies nichts anderes bedeuten als die Vertagung des Teilens auf die Zukunft. Das kann dann für viele menschliche Schicksale zu spät sein.

Nach einem chinesischen Sprichwort verwandeln sich Berge in Gold, wenn Brüder zusammenarbeiten. Es muß ja nicht Gold sein, und vor allem geht es auch nicht ohne Schwestern. Aber kein Weg führt an der Erkenntnis vorbei: Sich zu vereinen, heißt teilen lernen. Mit hochrentierlichen Anleihen allein wird sich die deutsche Einheit nicht finanzieren lassen. Öffentlich und privat gilt es umzudisponieren, um mitzuhelfen, einzusparen, um zu geben. Viele gute Beispiele zeigen, daß es geht, so bei Krankenhäusern, Schulen und Universitäten, bei Betrieben und Verbänden, Vereinen und Familien. Auch Städtepartnerschaften können sich zu sehr soliden Ecksteinen unserer Lebensgemeinschaft entwickeln.

Keine noch so kluge Theorie, keine noch so ausgefeilte Kalkulation ersetzt die grundlegende Erfahrung der Menschen aller Kulturen und Religionen, daß der Mensch sich dem anderen erst dann wirklich zuwendet, wenn er mit ihm teilt. Wirklich vereint werden wir erst sein, wenn wir zu dieser Zuwendung bereit sind. Wir können es. Und viele, ich glaube die meisten, wollen es auch.

Der Nationalstaat ist nicht am Ende. Wer aber glaubt, die Zukunft allein mit ihm meistern zu können, der lebt in einer vergangenen Zeit. Die wichtigsten Aufgaben kann heute keine Nation mehr allein lösen. Die modernen Systeme denken und funktionieren nicht national. Dies gilt für die Sicherheit und Ökologie, für die Wirtschaft und die Energie, für den Verkehr und die Telekommunikation. Souveränität bedeutet in unserer Zeit Mitwirkung in der Gemeinschaft der Staaten.

Die Europäische Gemeinschaft hat dazu ein überzeugendes Modell geschaffen. Sie hat nationalstaatliche Befugnisse, und zwar gerade solche, die für eine friedliche Nachbarschaft von entscheidender Bedeutung sind, übernational zusammengefaßt. Im Systemwettbewerb zwischen West und Ost sind von ihr die maßgeblichen Impulse für Reformen im Osten ausgegangen.

Der Kalte Krieg ist überwunden. Freiheit und Demokratie haben sich bald in allen Staaten durchgesetzt. Nicht durch Zwang von Vormächten, sondern aus freien Stücken können sie nun ihre Beziehungen so verdichten und institutionell absichern, daß daraus erstmals eine gemeinsame Lebens- und Friedensordnung werden kann. Für die Völker Europas beginnt damit ein grundlegend neues Kapitel in ihrer Geschichte. Sein Ziel ist eine gesamteuropäische Einigung.

Es ist ein gewaltiges Ziel. Wir können es erreichen, aber wir können es auch verfehlen. Wir haben keine Zeit zu verlieren. Wir stehen vor der klaren Alternative, Europa zu einigen oder gemäß leidvollen historischen Beispielen wieder in nationalistische Gegensätze zurückzufallen.

Vorrangig sind jetzt greifbare Perspektiven für die wirtschaftliche und soziale Entwicklung der Länder Mittel-, Ost- und Südosteuropas. Die neu erworbene Freiheit muß sich verwurzeln können. Deshalb darf sie nicht in Not verkommen. Die Europäische Gemeinschaft kann dabei entscheidend helfen. Vor allem von ihr wird es abhängen, wie es in ganz Europa weitergeht.

Uns Deutschen kommt dabei eine Schlüsselrolle zu. Wir erheben unsere Stimme für eine konstruktive und gemeinsame Ostpolitik des ganzen Westens. Wenn jetzt alle Deutschen wieder unmittelbare Nachbarn der Polen geworden sind, dieses für uns so wichtigen Volkes, dann ist es unsere Aufgabe, darauf zu dringen, daß es zwischen der Gemeinschaft und Polen nicht in ferner Zukunft, sondern in allernächster Zeit zu einer Assoziierung kommt. Ähnliches gilt für die Tschechoslowakei und Ungarn.

Die Sowjetunion, um ein weiteres Beispiel von zentraler Bedeutung zu nennen, bedarf auf ihrem unvergleichlich schwierigen Weg einer engen europäischen Zusammenarbeit. Die Sowjetunion will die alte Distanz zu Europa überwinden. Sie hat erkannt, daß die Einigung Deutschlands dafür kein Hindernis ist, sondern geradezu eine Voraussetzung. Das ist die wichtigste Botschaft der wahrhaft bedeutenden Zwei-plus-Vier-Konferenz. Und wir alle wissen, daß die zukünftige Stabilität in Europa von einem maßgeblichen Beitrag Moskaus abhängt. Die Westgrenze der Sowjetunion darf nicht zur Ostgrenze Europas werden.

Wenn wir Deutschen solche Signale in Richtung auf das ganze Europa setzen, dann geschieht dies in der festen Verbindung mit dem Westen. Sie hat unser Leben in der Bundesrepublik geprägt, unsere Energien mobilisiert und frische Kräfte hervorgebracht. Wir werden unsere atlantische und europäische Partnerschaft um keinen Preis aufs Spiel setzen. So lautet unser ureigenstes Interesse, das unsere Landsleute in den neuen Bundesländern teilen. Sie wissen, welche Bedeutung die Freundschaft vor allem mit Frankreich auch in Zukunft haben wird und freuen sich nun ihrerseits auf diese direkte Nachbarschaft.

Wir werden nur weiterkommen, wenn wir mit unseren westlichen Partnern gemeinsam vorgehen, vor allem in der Gemeinschaft und durch sie. Alles, was die Mitgliedsländer für ganz Europa durch die Gemeinschaft tun, stärkt sowohl die Gemeinschaft als auch ihre Glieder.

Wir Deutschen werden unseren Interessen am besten dienen und Sorgen unserer Partner am ehesten zerstreuen, wenn wir uns in der Stärkung der Gemeinschaft von niemandem übertreffen lassen und wenn wir ohne jede Verzögerung auf dem Weg zur Wirtschafts- und Währungsunion und zur Politischen Union weitergehen, so wie wir es zugesagt haben.

Voll im Westen integriert und dem ganzen Europa zugewandt, so lautet die Aufgabe des vereinten Deutschlands. Wir werden ihr gerecht, wenn es später einmal heißt: Das entscheidende Kapitel zur Einigung des ganzen Europa nahm seinen Anfang mit der Überwindung der Teilung Deutschlands.

Je zügiger wir Europäer unsere eigenen Konflikte lösen, um so besser können wir auch unsere globalen Verpflichtungen erfüllen. Im Zeichen des Kalten Krieges haben Europäer immer wieder Spannungen und Waffen in die südliche Hemisphäre exportiert. Nun gilt es, den KSZE-Prozeß zu fördern, die Rüstungen zu vermindern und die Hilfe für den Süden mit Nachdruck zu steigern.

Schwerter zu Pflugscharen, dieses große Bibelwort aus der Zeit der friedlichen Revolution, heißt heute nicht, auf vernünftige, hinlängliche Verteidigungsfähigkeit zu verzichten; es heißt, den Hunger in der Welt zu stillen und ihrer Not zu wehren. Die vielen jungen Stimmen aus allen Teilen des vereinten Deutschlands sind dafür eine Ermutigung.

Unsere Mitverantwortung unter den Völkern gilt besonders der Umwelt. Nicht alles, was Menschen technisch und ökonomisch fertigbringen, dürfen sie der Natur zumuten. Es geht um mehr als nur um die Bewohnbarkeit der Erde für den Menschen. Menschen können zerstören, was sie nicht geschaffen haben und worüber sie nicht verfügen dürfen: die Schöpfung. Diese Freiheit haben sie sich genommen. In der Verantwortung der Freiheit wird sich zeigen, ob sie ethisch und damit am Ende auch biologisch überlebensfähig sind.

Die Aufgabe ist im wahrsten Sinn global. Sie stellt sich weltweit für jeden Staat, für Länder, für Gemeinden und für den einzelnen. Sie ist allgemein und daher auch die politischste Frage, der wir uns gegenübersehen. Beim neuen Anfang unserer Nation muß sie eine klare normative Antwort finden.

Das Grundgesetz gilt nun für alle Deutschen. Im Einigungsvertrag haben wir vereinbart, daß wir uns mit den Bestimmungen über Staatsziele befassen wollen. Es geht um Verfassungsaufträge, die nicht unter dem Vorbehalt beschränkender Gesetze stehen sollen, sondern den Gesetzgeber wie uns alle verpflichten.

Gibt es zur Ergänzung unserer Ziele ein dringlicheres als den Schutz der Natur in ihrer Rechtlosigkeit? Haben wir eine größere Aufgabe, als die Schöpfung zu bewahren und damit die Nachwelt zu schützen? Ich kenne keine.

Heute, liebe Landsleute, begründen wir unseren gemeinsamen Staat. Wie gut uns die Einheit menschlich gelingt, das entscheiden kein Vertrag der Regierungen, keine Verfassung und keine Beschlüsse des Gesetzgebers. Das richtet sich nach dem Verhalten eines jeden von uns, nach unserer eigenen Offenheit und Zuwendung untereinander. Es ist das »Plebiszit eines jeden Tages« (Renan), aus dem sich der Charakter unseres Gemeinwesens ergeben wird.

Ich bin gewiß, daß es uns gelingt, alte und neue Gräben zu überwinden. Wir können den gewachsenen Verfassungspatriotismus der einen mit der erlebten menschlichen Solidarität der anderen Seite zu einem kräftigen Ganzen zusammenfügen.

Wir wissen, wieviel schwerer es andere Völker auf der Erde zur Zeit haben. Wir haben den gemeinsamen Willen, die großen Aufgaben zu erfüllen, die unsere Nachbarn von uns erwarten.

Die Geschichte gibt uns die Chance. Wir wollen sie wahrnehmen, mit Zuversicht und mit Vertrauen.

Und die Freude, wir haben es gestern abend gehört, die Freude, die wir empfinden, sie ist ein Götterfunken.

Ansprache von Bundespräsident Richard von Weizsäcker
bei einem Staatsakt zum »Tag der deutschen Einheit« in der
Berliner Philharmonie am 3. Oktober 1990

DIE MAUER VERSCHWINDET

Der »Mauerspecht« des Jahres – Ronald Reagan zu Besuch in Berlin

Januar 1990: Der Abriß der Mauer beginnt – hier mit schwerem Gerät in der Bernauer Straße

Am Brandenburger Tor wird das bröckelnde Monstrum von Andenkenhändlern stückchenweise vermarktet

Ein Frühlingssonntag auf einem Wachturm im ehemaligen Todesstreifen

Von Kiez zu Kiez

Bye, bye, Checkpoint Charlie! Die Baracke entschwindet ins Museum

Zum 29. Jahrestag der Mauer weiht DDR-Minister Eppelmann (M.) in der Bernauer Straße eine Gedenktafel für die Opfer ein

Die Schwester von Peter Fechter am Mahnmal in der Kochstraße

Von der Schandmauer zur längsten Galerie der Welt

Über hundert Künstler aus 21 Ländern gestalteten die East Side Gallery zwischen Hauptbahnhof und Oberbaumbrücke

Rund 1,3 km Mauer als vorübergehendes Kunstwerk

Jedes der 90 Gemälde regt zum Nachdenken an. Sie gehen später auf Welttournee und werden dann versteigert

Der Mauerfriedhof bei Steinstücken

Die Relikte des SED-Staates

Unmenschlichkeit in Beton

Das Ende eines Alptraums

Panzerdenkmal im früheren Grenzstreifen bei Dreilinden

Staatsterror als System

15. Januar 1990: Ost-Berliner Demonstranten stürmen das Ministerium für Staatssicherheit (MfS)

Die Besetzer durchstöbern Schreibtische und demolieren Inventar

Bei der Stasi war jedes Schriftstück geheim

Der Dokumentenband von BasisDruck wird an Ort und Stelle verkauft

Videokameras sicherten rundum das Stasi-Hauptquartier in der Lichtenberger Normannenstraße

Das geheime Trainingslager am Springsee

Bürgerprotest gegen ehemalige Stasi-Zuträger in der neugewählten Volkskammer

Kinder spielen mit den Übungswaffen

Schießkeller des aufgelösten Wachregiments »Feliks Dzierzynski« in Köpenick

Hier herrschte Stasi-Chef Erich Mielke

Buchpremiere in der »Mielke-Suite«: Christina Wilkining stellt ihren Protokollband »Staat im Staate« aus dem Aufbau-Verlag vor

Unheimlich bleibt die Atmosphäre auf den Fluren: Wer bewacht hier was für wen?

Neue Bürgeraktion im September: Es geht um die brisante Erblast der Stasi-Akten

VOM RUNDEN TISCH ZUM PARLAMENT

Die erste geheime Wahl in der DDR:
Der Junior darf zugucken

Egon Krenz, letzter SED-Chef, vor dem Runden Tisch

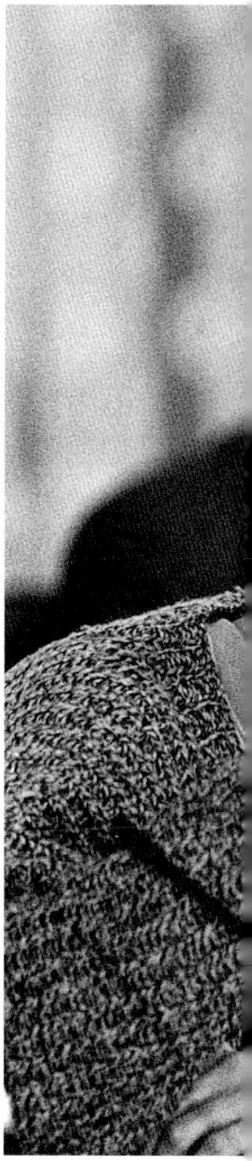

Auch Sicherheitschef Herger wird befragt

Zur Durchsetzung von Reformen findet sich die demokratische Opposition der DDR nach dem Fall der Mauer am Runden Tisch zusammen; hier Reinhard Schult (l.), Ingrid Köppe und Rolf Henrich vom Neuen Forum

Bei einer Wahlkundgebung der SPD mit Willy Brandt in Potsdam

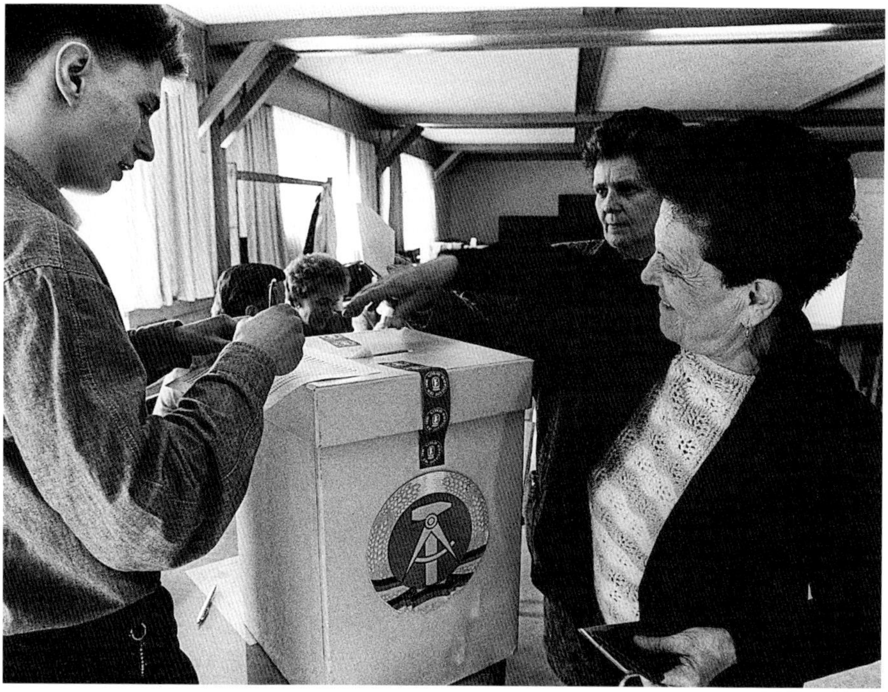

18. März 1990: Stimmabgabe zur Volkskammer in Ost-Berlin

Wahllokal im Bezirk Prenzlauer Berg

CDU-Spitzenkandidat Lothar de Maizière nach seinem Wahlsieg

Jubel auf der CDU-Wahlparty in Ost-Berlin

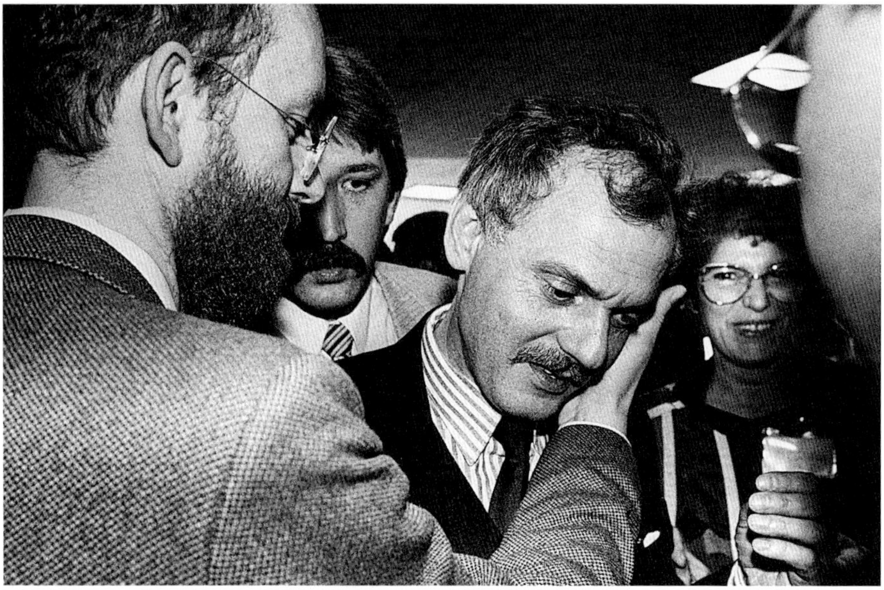

SPD-Spitzenkandidat Ibrahim Böhme wird von Freunden getröstet

Hans Modrow und Gregor Gysi (ehemals SED) freuen sich über das gute Abschneiden der PDS

Das Kabinett de Maizière, die erste und zugleich letzte frei gewählte Regierung der DDR

20. September 1990: Der Einigungsvertrag ist durch. Freude bei Volkskammerpräsidentin Sabine Bergmann-Pohl (CDU) und Stellvertreter Reinhard Höppner (SPD)

DIE D-MARK KOMMT

Die Gedenkmünze zur Währungsunion, vorgestellt von DDR-Premier de Maizière und Sparkassenpräsident Geiger

Vor der Umstellung steht Ost-Berlin wieder einmal Schlange

Geldcontainer im Tresorraum des ehemaligen ZK der SED

Ausverkauf im Intershop des Hotels Metropol

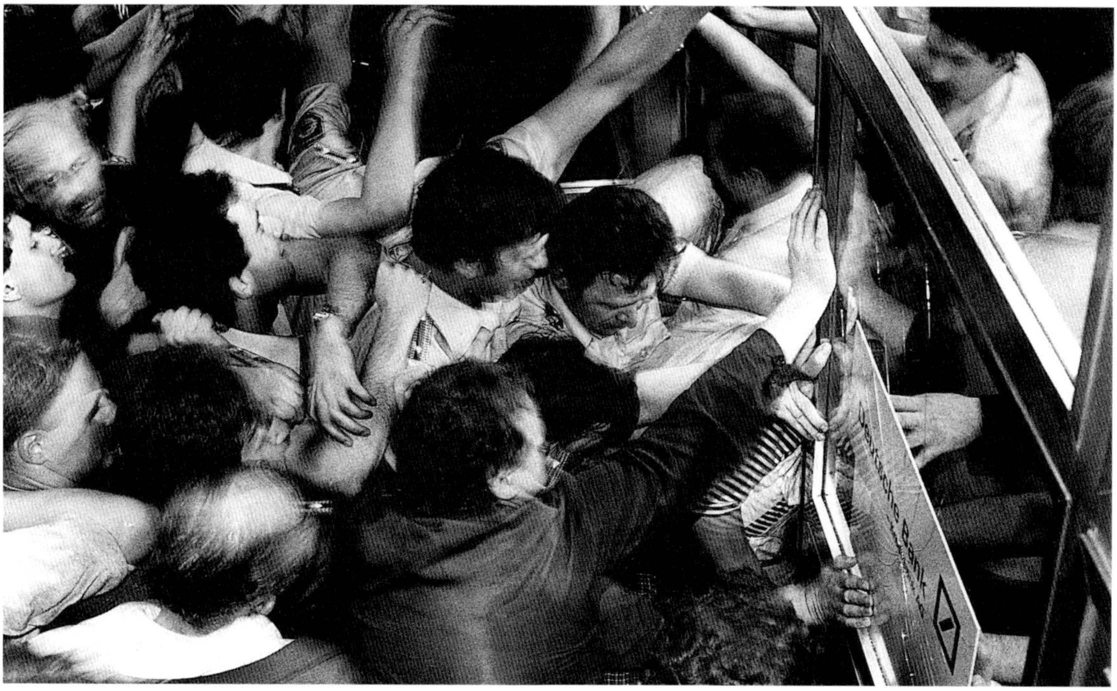

Gleich nach Mitternacht beginnt die Auszahlung

DDR-Teens feiern die »Westmark« auf dem Alexanderplatz

Werbeaktion in Berlin-Mitte: Zigaretten werden 1 : 1 umgetauscht

Freude am Kassenschalter in Treptow

Erster Einkauf in einer westlichen Supermarktfiliale

Gleiche Arbeit, weniger Geld: Warnstreik der ÖTV gegen das innerstädtische Lohngefälle

Auch bei den Kabelwerkern in Oberschöneweide herrscht Unruhe

Bauern-Demonstration in Ost-Berlin

Die D-Mark ist da; der Alex wird zum Autosalon

BERLIN WÄCHST ZUSAMMEN

Die erste deutsch-deutsche Trauung am Brandenburger Tor

Ost-Berlin wählt am 6. Mai 1990 seine erste demokratische Stadtverordnetenversammlung

Tino Schwierzina (r.), der neue SPD-Oberbürgermeister, und die Ost-Berliner SPD-Vorsitzende Anne Katrin Pauk mit Walter Momper

Der SPD/CDU-Magistrat amtiert nur noch bis zu den Dezemberwahlen in ganz Berlin

»Baumpate« Ben Wargin bepflanzt den Potsdamer Platz

Die beiden Stadtoberhäupter eröffnen den Gesamtberliner S-Bahnverkehr

Ost-West-Kollision vor dem Roten Rathaus

Erste Oldtimerrallye Berlin–Potsdam

Die Schauspielerinnen Camilla (l.) und Steffie Spira (r.): In ihren gegensätzlichen Lebenswegen spiegelt sich das Schicksal Berlins

Nach Jahren ein Wiedersehen: Christa Wolf und Jurek Becker bei einer Schriftstellerrunde in der Akademie der Künste (Ost)

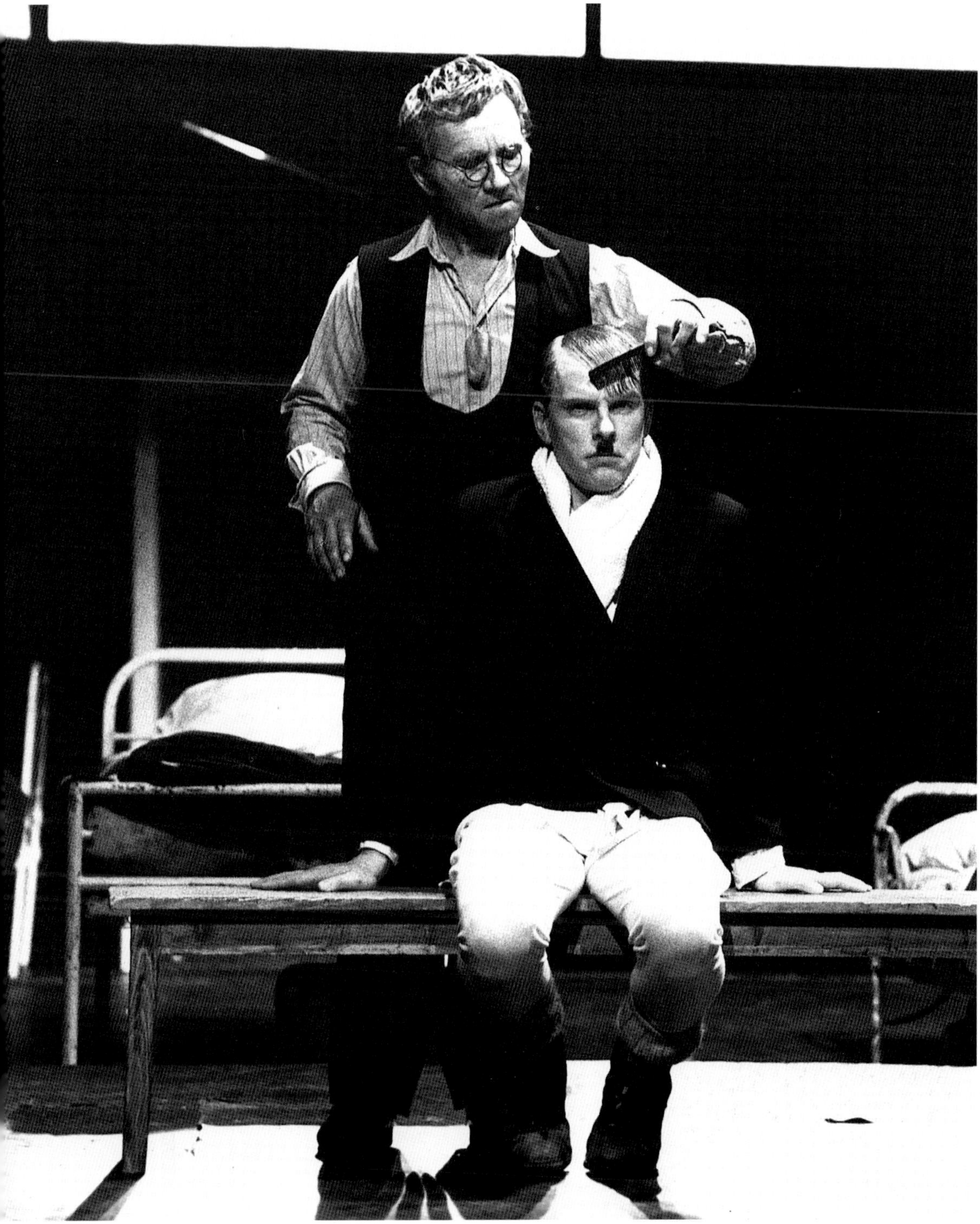

Theatertreffen 1990 erstmals in ganz Berlin. Das Maxim Gorki Theater beteiligt sich mit Thomas Langhoffs Inszenierung von George Taboris »Mein Kampf«

»The Wall«, das britische Rockmusical von Roger Waters, kommt nach Berlin. Es wird vom Potsdamer Platz

live in alle Welt übertragen

Begeisterung bei den jugendlichen Zuschauern. Etwa hunderttausend sind zu dem gigantischen Spektakel

an die Spree gekommen

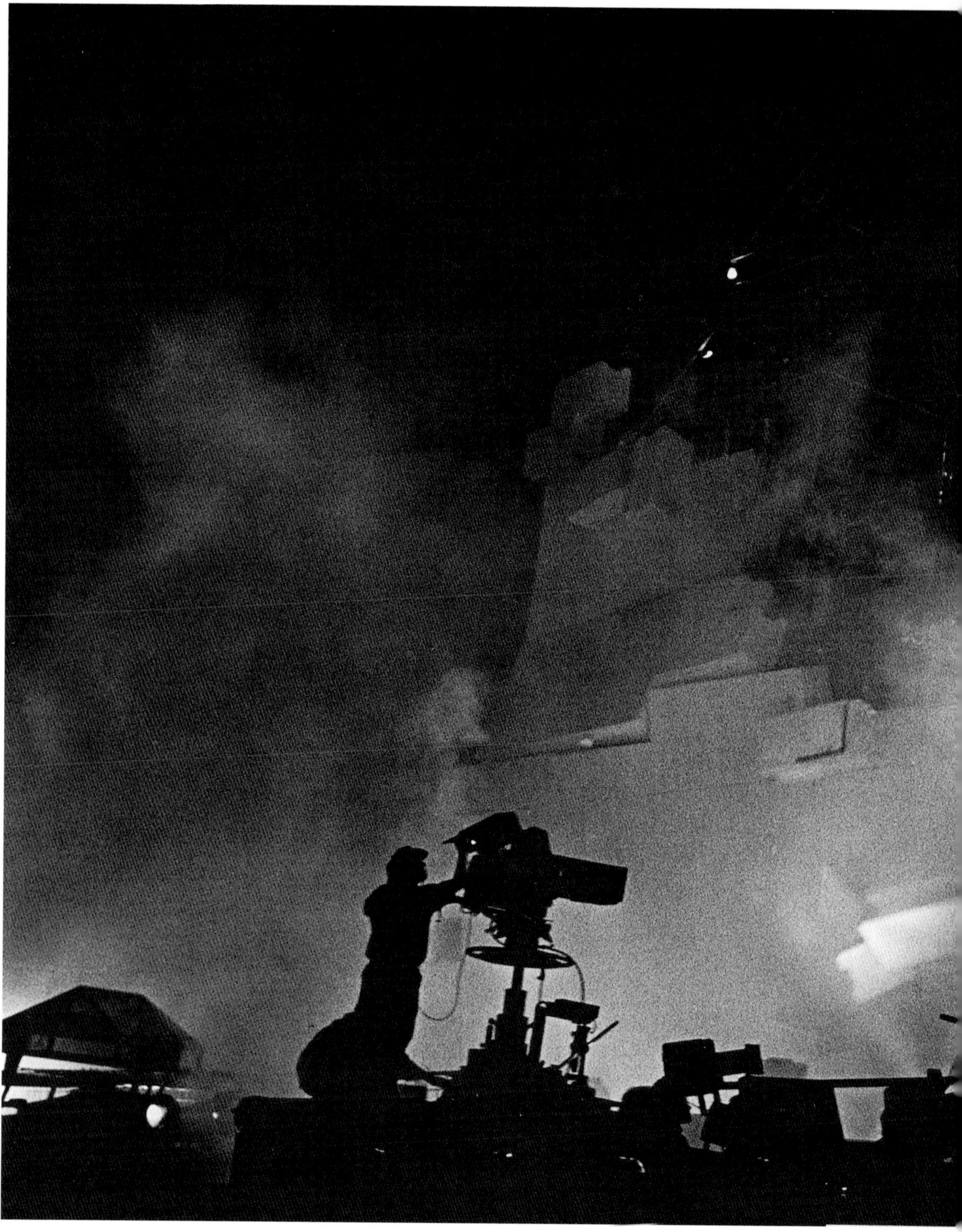

In dieser Julinacht fällt die Mauer zum zweiten Mal, diesmal als Riesenkulisse aus Styropor

»Wie im Himmel, so auf Erden«: Rund 125 000 Besucher feiern den Deutschen Katholikentag in einem Berlin

Die Polizei kommt sich beim Fachsimpeln über Funkgeräte näher

Feierstunde in der Nikolaikirche: Im Vorgriff auf die Einheit wird Bundespräsident von Weizsäcker (M.) Ehrenbürger der deutschen Hauptstadt

Juden aus beiden Teilen der Stadt feiern das Neujahrsfest Rosch Haschana gemeinsam in der Ost-Berliner

Synagoge; rechts Rabbi Stein

Der internationale Berlin-Marathon führt durch die wiedergewonnene Mitte der Stadt

ADE DDR

Ein satirischer Abgesang

Im Stadtgericht Berlin wartet das demontierte DDR-Staatswappen auf den Abtransport

281
281

Am Reichstag wird die Noch-DDR zum Souvenirladen

Auch sowjetische Uniformmützen sind im Angebot

Das Einheitssymbol der SED wird von der Vorderfront des ehemaligen ZK-Gebäudes entfernt

Mission erfüllt: Staatssekretär Franz Bertele, letzter Leiter der Bonner Vertretung in Ost-Berlin, schraubt eigenhändig das Hoheitszeichen ab

Erichs Ende

Die einst tödliche »DDR-Staatsgrenze« wird zur Trödelmeile

Exotische Reiseandenken von der Mauer

Wohin mit dem Monumentalkitsch?

Mittwoch, 26. September: Abschiedsvorstellung der Nationalen Volksarmee (NVA) auf der Straße Unter den Linden

»... und lachete bitterlich«: Kabarettpremiere in der Ost-Berliner Distel zum Verlöschen der DDR

Der letzte Stechschritt

©BEIER 1990
K. Marx:
„Tut mir leid Jungs!
War halt nur so'ne Idee von mir..."

Na dann …

2. Oktober abends im Schauspielhaus: Lothar de Maizière bei seiner Abschiedsrede. Die Uhr der DDR läuft ab

DIE SIEGER GEHEN

Beim »Tag der offenen Tür« der sowjetischen Garnison in Karlshorst posieren Amerikaner vor einer Lenin-Ikone

Pressekonferenz über den Fortgang der Zwei-plus-Vier-Gespräche mit den Außenministern Genscher (M.),

Schewardnadse (l.) und Meckel

Armeegeneral Luschew (l.) und DDR-Minister Eppelmann (r.) besiegeln die Herauslösung der NVA aus dem Warschauer Pakt

Bundesverteidigungsminister Stoltenberg (M.) übernimmt in Strausberg die Kommandogewalt über die ehemalige DDR-Volksarmee

Die drei letzten westalliierten Stadtkommandanten nehmen Abschied: Walter Momper (l.), Raymond Haddock (USA), Robert Corbett (GB), François Cann (F), Jürgen Wohlrabe

Die sowjetischen Truppen in und um Berlin werden stufenweise abgezogen, darunter auch diese jungen

Panzersoldaten aus Neuruppin

Ein militärisches Zeremoniell am Schloß Charlottenburg beendet nach 45 Jahren den Viermächte-Status

Vor dem Gebäude der Alliierten Kommandantur in Dahlem wird die US-Flagge eingeholt. Die Besatzungszeit ist zu Ende

DAS FEST DER EINHEIT

Einheitsfan am Brandenburger Tor

Der Bundestag fliegt ein. Am Vormittag des 2. Oktober 1990 landet die erste Lufthansa-Maschine

seit 1945 in Berlin

Die deutsche Hauptstadt füllt sich aus allen Himmelsrichtungen. Millionen möchten das Fest der Einheit

miterleben

Um Mitternacht tritt die Prominenz auf den Balkon des Reichstags

Die Menge vor dem angestrahlten Parlament

3. Oktober null Uhr: Mit Feuerwerk und Musik in den Nationalfeiertag

Ein blauer Friedensballon entschwebt in die laue Herbstnacht

Schwatz am Lagerfeuer

Parodie auf die reine Lehre

Wir machen durch

Bundespräsident Richard von Weizsäcker spricht am Mittwochmorgen auf dem Staatsakt in der Philharmonie

Zuvor leitet ein ökumenischer Gottesdienst in der Marienkirche die offiziellen Feierlichkeiten ein

Festtagspromenade über die alte Schloßbrücke

Mit Rucksack und Wanderschuhen über den Alex

Rast auf der Spreeinsel

Pit vom Prenzlauer Berg spielt in voller Montur

Ein zunächst friedlicher Protestmarsch von Autonomen und Spontis zum Alex artet abends zu Krawallen aus

Das Marx-Engels-Denkmal als Pop-Kunst

4. Oktober 1990: Im Plenarsaal des Reichstagsgebäudes tritt der erste gesamtdeutsche Bundestag zusammen

Neue Gesichter auf der Regierungsbank: Sabine Bergmann-Pohl wird von Bundestagspräsidentin Süßmuth vereidigt

Der Altkanzler und SPD-Ehrenvorsitzende Willy Brandt spricht vor dem ersten gesamtdeutschen Parlament in Berlin

Neue Redner im Plenum: Gregor Gysi antwortet für die PDS auf die Regierungserklärung

Vizekanzler Genscher (l.) und Bundeskanzler Kohl während der Debatte

Zwei Symbole – eine Stadt

CHRONOLOGIE

1989

18. Januar SED-Generalsekretär Erich Honecker erklärt, die Mauer »wird in 50 und auch in 100 Jahren noch bestehen bleiben, wenn die dazu vorhandenen Gründe noch nicht beseitigt sind«.

11. September Ungarn öffnet die Grenze nach Österreich. Tausende von Deutschen aus der DDR machen sich über Ungarn und Österreich auf den Weg in die Bundesrepublik. In Ost-Berlin gründen DDR-Regimekritiker die Reformbewegung »Neues Forum«.

7. Oktober In Ost-Berlin wird der 40. Jahrestag der Gründung der DDR gefeiert. Gleichzeitig demonstrieren Tausende dort und in anderen Städten für Demokratie und Meinungsfreiheit. Der sowjetische Staats- und Parteichef Michail Gorbatschow fordert die Regierenden in der DDR unverhohlen zu Reformen auf: »Wer zu spät kommt, den bestraft das Leben.«

18. Oktober Unter dem Druck der Ausreisewelle und der Demokratiebewegung in der DDR tritt der seit 18 Jahren amtierende Staats- und Parteichef Erich Honecker zurück. Zu seinem Nachfolger wählt das Zentralkomitee der SED Egon Krenz.

21.–30. Oktober In Ost-Berlin und in vielen anderen Städten der DDR finden zahlreiche Demonstrationen statt, an denen sich Hunderttausende beteiligen.

7. November Die Regierung der DDR erklärt ihren Rücktritt. Am folgenden Tag tritt auch das Politbüro der SED zurück. Die Demonstrationen im Land halten an, der Flüchtlingsstrom nimmt weiter zu.

9. November In den Abendstunden öffnet die DDR-Führung überraschend ihre Grenzen zur Bundesrepublik und nach West-Berlin. Noch in der Nacht kommen Zehntausende durch die Mauer in den Westteil der Stadt.

10. November DDR-Grenzsoldaten beginnen mit Abrißarbeiten an der Mauer, um neue Grenzübergänge zu schaffen. Berliner aus Ost und West beteiligen sich am Abbruch.

13. November Die Volkskammer der DDR wählt den SED-Parteichef von Dresden, Hans Modrow, zum neuen Ministerpräsidenten. In Leipzig demonstrieren erneut mehr als 200000 Menschen für politische Reformen. Auch in den folgenden Wochen gehen die »Montagsdemonstrationen« in Leipzig und in anderen Städten der DDR weiter.

22. Dezember Das Brandenburger Tor in Berlin, seit dem Mauerbau 1961 ein Symbol der deutschen Teilung, wird geöffnet.

1990

---

8. Januar In Karl-Marx-Stadt (Chemnitz) demonstrieren mehr als 50000 Menschen für freie Gewerkschaften und Streikrecht. In Leipzig rufen mehr als 100000 Demonstranten: »Nieder mit der SED!«

15. Januar Mehrere tausend Menschen stürmen die Zentrale des ehemaligen Staatssicherheitsdienstes in der Ost-Berliner Normannenstraße.

10. Februar Bundeskanzler Helmut Kohl trifft sich in Moskau mit Michail Gorbatschow. Dieser sagt zu, daß die Sowjetunion die Entscheidung der Deutschen, in einem Staat zu leben, respektieren werde, und daß es Sache der Deutschen sei, den Zeitpunkt und den Weg der Einheit selbst zu bestimmen.

13./14. Februar DDR-Ministerpräsident Hans Modrow besucht mit einer Regierungsdelegation die Bundesregierung in Bonn. Kohl schlägt Modrow die Bildung einer Währungsunion vor.

18. März Nach vierzig Jahren finden in der DDR zum erstenmal freie Wahlen statt. Sieger wird die konservative »Allianz für Deutschland« aus CDU, DSU (Deutsche Soziale Union) und DA (Demokratischer Aufbruch) mit zusammen rund 48 Prozent der Stimmen. Die SPD kommt auf 21,8 Prozent, die PDS (früher SED) auf 16,3 Prozent und das Liberale Bündnis auf 5,3 Prozent. Das Bündnis 90, die Gruppierung der Oppositionsbewegung vom Herbst '89, kommt nur auf 2,9 Prozent.

12. April Die DDR-Volkskammer wählt den CDU-Vorsitzenden Lothar de Maizière zum Ministerpräsidenten. Er bildet eine Koalitionsregierung aus Allianz,

SPD und den Liberalen. Im Koalitionsvertrag legen sich die Partner auf eine Vereinigung Deutschlands nach Artikel 23 des Grundgesetzes fest (Beitritt der DDR zum Geltungsbereich des Grundgesetzes für die Bundesrepublik Deutschland).

27. April Beginn der offiziellen Verhandlungen zwischen Bonn und Ost-Berlin über die Bildung einer Währungs-, Wirtschafts- und Sozialunion.

5. Mai In Bonn beginnen die »Zwei-plus-Vier-Gespräche« der Außenminister beider deutscher Staaten sowie der USA, Großbritanniens, Frankreichs und der Sowjetunion über die äußeren Aspekte der deutschen Vereinigung.

6. Mai In der DDR finden Kommunalwahlen statt. Die CDU bekommt 34,4 Prozent, die SPD 21 Prozent und die PDS 14,6 Prozent der Stimmen.

12. Juni Der Ost-Berliner Magistrat und der West-Berliner Senat kommen zu einer ersten gemeinsamen Sitzung zusammen. Die beiden sozialdemokratischen Chefs der Berliner Stadtregierungen, Tino Schwierzina und Walter Momper, sprechen sich für Berlin als Hauptstadt und Regierungssitz eines vereinten Deutschlands aus.

17. Juni Parlamentarier beider deutschen Staaten gedenken im Beisein von Bundeskanzler Kohl und Ministerpräsident de Maizière gemeinsam mit einer gesamtdeutschen Feierstunde in Berlin des Arbeiteraufstandes vom 17. Juni 1953.

22. Juni Der Grenzübergang Checkpoint Charlie in Berlin – ein Symbol der Teilung Berlins und Deutschlands – wird in Anwesenheit der Außenminister der vier Siegermächte und der beiden deutschen Staaten mit einem zeremoniellen Akt abgebaut.

29. Juni Bundespräsident Richard von Weizsäcker wird in der Ost-Berliner Nikolaikirche zum Gesamtberliner Ehrenbürger ernannt. Weizsäcker, der von 1981 bis 1984 Regierender Bürgermeister von Berlin war, spricht sich in seiner Dankesrede für Berlin als Hauptstadt und Regierungssitz eines vereinten Deutschlands aus.

1. Juli Die in einem (ersten) Staatsvertrag zwischen der Bundesrepublik und der DDR vereinbarte Währungs-, Wirtschafts- und Sozialunion tritt in Kraft. Damit wird die D-Mark alleiniges Zahlungsmittel in der DDR. Außerdem werden von der DDR wichtige Wirtschafts- und Sozialgesetze der Bundesrepublik übernommen.

15./16. Juli Bundeskanzler Kohl führt in Moskau zweitägige Gespräche mit der sowjetischen Führung. Als Ergebnis kann Kohl verkünden, daß Deutschland noch 1990 die volle Souveränität erhält und über seine Bündniszugehörigkeit selbst entscheiden kann.

23. August Die DDR-Volkskammer beschließt in einer Sondersitzung den Beitritt der DDR zur Bundesrepublik zum 3. Oktober 1990.

31. August Bundesinnenminister Schäuble und DDR-Staatssekretär Krause unterzeichnen in Ost-Berlin den »Einigungsvertrag«. Das fast 1000 Seiten umfassende Vertragswerk regelt den Beitritt der DDR zur Bundesrepublik.

12. September Zum Abschluß der Zwei-plus-Vier-Gespräche erfolgt in Moskau die Unterzeichnung des »Vertrages über die abschließende Regelung in bezug auf Deutschland«. Dieser bestimmt in Artikel 1: »Das vereinte Deutschland wird die Gebiete der Deutschen Demokratischen Republik, der Bundesrepublik Deutschland und ganz Berlins umfassen.« Unterzeichnet wird der Vertrag von den Außenministern der vier Siegermächte des Zweiten Weltkrieges sowie von Bundesaußenminister Genscher und DDR-Ministerpräsident de Maizière, der auch als Außenminister amtiert.

13. September Bundesaußenminister Genscher und der sowjetische Außenminister Schewardnadse paraphieren in Moskau einen »Vertrag über gute Nachbarschaft, Partnerschaft und Zusammenarbeit zwischen der Bundesrepublik Deutschland und der Union der Sozialistischen Sowjetrepubliken«.

20. September Die beiden deutschen Parlamente – der Deutsche Bundestag in Bonn und die Volkskammer in Ost-Berlin – geben dem ausgehandelten Einigungsvertrag mit der erforderlichen Zweidrittel-Mehrheit ihre Zustimmung.

24. September Die DDR tritt aus dem Warschauer Pakt aus. Der DDR-Minister für Abrüstung und Verteidigung, Rainer Eppelmann, und der Oberkommandierende des östlichen Militärbündnisses, Armeegeneral Pjotr Luschew, unterzeichnen in Ost-Berlin ein Protokoll, das die Herauslösung der Nationalen Volksarmee der DDR aus dem Warschauer Pakt bis zum 3. Oktober regelt.

1. Oktober Die Außenminister der vier Siegermächte und Vertreter beider deutscher Staaten unterzeichnen in New York eine Erklärung, mit der zum 3. Oktober die Viermächte-Rechte in bezug auf Deutschland als Ganzes suspendiert werden. Damit erlangt Deutschland seine volle Souveränität zurück.

2. Oktober Die Alliierte Kommandantur in Berlin beendet ihre Arbeit. Auf ihrer letzten Sitzung unterzeichnen um Mitternacht die Stadtkommandanten der USA, Großbritanniens und Frankreichs sowie die alliierten Gesandten ein Schreiben über die Suspendierung ihrer Rechte.

3. Oktober Um null Uhr wird vor dem Reichstagsgebäude in Berlin die schwarz-rot-goldene Bundesflagge gehißt. Damit ist Deutschland nach 45 Jahren der Teilung wieder ein Staat. Um 11.00 Uhr beginnt in der Berliner Philharmonie ein Staatsakt, mit dem der Tag der Einheit feierlich begangen wird. Bundespräsident Richard von Weizsäcker sagt in seiner Ansprache: »Wir haben jetzt einen Staat, den wir selbst nicht mehr als provisorisch ansehen. Am heutigen Tag findet die vereinte deutsche Nation ihren anerkannten Platz in Europa.«

4. Oktober Im Berliner Reichstagsgebäude tritt zum erstenmal seit 57 Jahren ein frei gewähltes, demokratisches gesamtdeutsches Parlament zusammen. Vor den Abgeordneten des Deutschen Bundestages, zu dem jetzt auch 144 Parlamentarier der früheren DDR-Volkskammer gehören, gibt Bundeskanzler Helmut Kohl eine Regierungserklärung ab. In derselben Sitzung werden fünf bisherige DDR-Politiker (Sabine Bergmann-Pohl, Lothar de Maizière, Günther Krause, Hansjoachim Walther, Rainer Ortleb) als Bundesminister für besondere Aufgaben vereidigt.

AUTOREN

ROLF STEINBERG
geboren 1929, lebt als freischaffender Journalist und Büchermacher in Berlin. Arbeitete nach Studien der Politologie, Geschichte und des Journalismus u.a. als Reporter bei internationalen Nachrichtenagenturen, war »Spiegel«-Korrespondent in Paris und Verlagslektor. Die Nachkriegsgeschichte Berlins hat er als Reporter intensiv miterlebt. In den letzten Jahren ist er durch mehrere Publikationen hervorgetreten – u.a. »Tote Technik« (1981), »Bahnhöfe« (1984) – und gestaltete die ebenfalls bei Nicolai erschienene Fotodokumentation »Berlin im November« (1989).

RICHARD SCHNEIDER
geboren 1939 in Siegburg, Studium der Geschichte und Germanistik in Bonn, Dr. phil., seit 1972 Redakteur beim Sender Freies Berlin. Verschiedene historische und kunsthistorische Veröffentlichungen über Berlin. Herausgeber der bei Nicolai erschienenen Berlin-Bildbände: »Landschaften einer Stadt« (1977), »Denkmäler einer Industrielandschaft« (1978), »Berlin aus der Luft« (1986).

FOTOGRAFEN

Umschlag: Andreas Schoelzel

ADN: 34, 54, 66, 100, 109, 112, 129 o., 140/141

BasisDruck: 41

Beier: 107

Pierre Boom: 128 u., 129 u.

dpa: 25, 101, 106, 118, 130 o., 131 u., 132, 133, 142 o., 143 u.

Joachim Fieguth: 106 o.

Marianne Fleitmann: 82 u., 83

Paul Glaser: 67, 79 u.

Iris Hesse: 50 o. l., 50 o. r.

Kabarett Die Distel: 95

Landesbildstelle: 56 o., 56 u.

Günter Peters: 35, 76, 77, 80 o., 80 u., 81 o., 81 u., 90, 91 o., 91 u., 94, 113, 136, 137, 138

Presse- und Informationsamt der Bundesregierung: 108, 142 u., 143 o.

Günter Prust: 50 u., 51

Günter Schneider: 2, 36 o., 36 u., 37 o., 37 u., 38 o., 38 u., 39 o., 39 u., 40, 74, 82 o., 98, 99, 102, 103 o., 103 u., 117, 122/123, 130 u., 134/135, 139 u.

Andreas Schoelzel: 6, 26/27, 52/53, 57, 60 u., 65, 70 o., 70 u., 78, 79 o., 110/111, 116/117, 125, 128 o.

Bernd Sinterhauf: 104

Rolf Steinberg: 98

Zenit:
- Paul Langrock: 28/29, 48 o., 60 o., 64 o., 68, 71, 72 o., 72 u., 73, 75, 120/121, 126/127, 144
- Ali Paczensky: 48 u., 61, 62/63, 84/85, 86/87, 88/89, 92/93, 96/97, 105, 114/115, 139 o.
- Hans Peter Stiebing: 30/31, 32, 42/43, 44/45, 46, 47, 49, 58/59, 64 u., 69 o., 69 u., 131 o.
- Metin Yilmaz: 33, 55